«Selac

Et norsk skibsmandskabs
udstaaede lidelser, mærkelige redning

samt

10 maaneders ophold på en øde sydhavsø.

Fortalt av

Gabriel Johnsen,
matros paa «Seladon»

Kristiania
P. Omtvedts Forlag
Thronsen og co.s bogtrykkeri 1898

Transkribert og utgitt på eget forlag av Wincent Rege, 2013.

Omslag: Tegning av Henry Imsland.

Fotografi av Gabriel Johnsen på omslag
er fra mannskapsbildet, 1897.
Foto: Jacobsen/MUST-Stavanger maritme museum.

Til norske læsere

Fra hin tid, da vi med ungdommens begjærlighed «slugte» Robinson Crusoe´s eventyrlige hændelser og til vore dager, er der som paddehatte voxet op et utal af opdiktede røverhistorier mere og mindre islædt det overnaturlige, spænnende og eventyrets form, mindre holdt indenfor de nøgne faktas og sandsynlighedens grænse. Og de har fundet afsætning og læses af ung og gammel, især af disse første, der ofte helt glubst griber en saadan bog, som kan holde de søvnige øienlaag oppe i lange vinterkvælder og nætter.

Hva her bydes, er ogsaa saa at sige et slags Robinson Crusoehistorie, et slags Sydhavs-eventyr med skibbrud og ti maaneders ophold paa en øde ø blandt de vilde indbyggere. Her er desværre nok af lidelser, sorg, savn, kampe for livet, døden lige for øiet, talrige eventyrlige begivenheder og alt dette nervepirrende, der med slugende interesse nydes.

Men forskjellen er, at denne historie, saa eventyrlig og helt utrolig den i mange dele end kan lyde – dog i et og alt kun er den nøgne, skjære sandhed. Her er intet digt, intet tilsat eller paapyntet.

Og ikke det alene, men denne begivenhed, hvis sidestykke neppe haves, ialfald ikke i de sidste 1200 aar, den tilhører vore egne, Norges tapre og brave sømandsstand. Det er derfor denne bog trøstig udgives.

Det synes klart som dagen, at en saadan beretning vil bli læst og eftertraktet med den største begjærlighed af de tusind hjems læselystne publikum, af ung og gammel, ligegyldig stand og stilling. Og den fortjener det tilfulde. Disse uforfærdede og tapre sjøgutter, hvis udholdenhed, enighed og mod i farens stund overgaar enhver beskrivelse, hvis nød og elendighed og tilslut helt mirakuløse redning, der, nest etter forsynets barmhjertige, styrende haand, alene skyldes deres ærlige kampe – de fortjener at faa sin saga indridset i uforglemmelighedens store bog.

Kor norske polarfærd har vundet sin velfortjente berømmelse. Men «Seladon's» norske mandskab fortjener fuldtud ogsaa sin. Det er et berettiget krav, som hver av vort fædrelands varmhjertede mænd og kvinder, gammel og ung pligter at opfylde. Det er en tung men hæderlig og stor saga, som fortjener at komme paa læberne av hver Norges søn og datter, som fortjener at lyse udover land og strand, ja helst række endnu længere omkring til verdensrigets talløse egne.

Er det end de stilles, de beskednes, ofte de glemtes runer, her ridses, saa er de derfor ikke mindre store og fortjener derfor ikke mindre at mindes med tak fra hver læbe for den hædersglans, de har kastet over vort kjære fædreland, ved gjennem de utænkeligste kampe at naa frem til sin seiers velfortjente laurbærkrans.

Og denne krans, tror jeg, hver ærlig mand og kvinde vil være med at sætte paa disse vore tapre sjøgutters veirbrune pande.

Mangen en havde givet tabt, mangen en givet sig hen i dødens befriende favn, mangen en knurret og klaget, mangen en tabt tro og haab paa sin gud og sin redning, mangen en søgt offer blandt sine kammerater. Vi ved det, kjender desværre exempler herpaa.

Men dette gjorde ikke disse. End ikke fjerneste tanke

eller tvivl opkom i deres bryst under de ofte mere end haarde prøvelser. Her kan tilfulde tales om, at «sætte livet ind og ta sin gud i sind» i trofast og ærlig kamp for sit liv, sine længtende kjære derhjemme og sit land.

Det er dette, som vi med stolthed bør bringe dem vor tak for. Lad dette træde manende frem for hver ærlig standsfælle, manende til trofast udholdenhed og ærlig kamp imod selvopgivelsens lokkende «given sig hen», til modig kamp og udholdenhed til det sidste.

Norske mænd og kvinder! Tag mod disse blades historie i al sin prunkløse simpelhed og træd støttende til, at denne lille saga maa vinde ind og blive kjendt omkring i hver krog, at disse vore brave landsmænd maa faa sin rette tak og berømmelse for sitt store mod, sin djerve udholdenhed i farens lange, seigpinende kampe.

Lad os alle være med at sætte den velfortjente laurbærkrans paa de tretten trofaste sjøgutter af «Seladon`s» forliste mandskab.

30/3, 1898
    Bearbeideren.

INDHOLD

I. Udreisen fra Newcastle. - Gode udsigter. - Uventede anelser. - Ø i sigte. - Forliset. - Svagt haab.

II. Ingen landing. -16 mand i to baade paa oceanet. - Skuffede forhaabninger. - Intet land at øine.

III. Hunger og tørst. - Storm. - Den ene baad kantrer. - 8 mand overbord. - Farefulde redningsforsøg. - 7 mand reddes. - Styrmand omkommer.

IV. 15 mand i en baad. - En rædselsfuld nat. - Mislykkede forsøg. - Et uventet fund.

V. Kapteinens forslag. - Liden opmuntring. - En farlig seilads. - Haarde lidelser.

VI. Taalmod og udholdenhed. - Velsignet regn. - Kapteinens død og begravelse.

VII. Kursen sættes. - Proviantuddelingen. - Samme lidelser. - Enighed.

VIII. 23de dags elendighed. - Proviantforraadet slipper op. - Sult. - Døden i vente.

IX. 30te Døgn i baaden. - En uventet overraskelse. - Land i sikte. - Jubel. - Kan der være redning.

X. Mod øen. - En farlig landing. - I brændinger. Baaden kantrer. - Alle mand overbord.

XI. Frelst. - Paa strandbredde. - De vildes nyskjerrighed. - Gjestfrihed.

XII. Det nye hjem paa øen. - Tømmermandens død. - En begravelse. - Skildpaddefangst. - En underlig fuglejagt. - Et 30 fots fald. - Følgerne.

XIII. En eiendommelig svømmetur. - Ensformig føde. - Daglige sysler. - Skogrydning.

XIV. Bryllupsfest hos de vilde. - En svinesteg. - Kong Billi og dronning Deina. - Sorg hos de indfødte.

XV. Ensformige dage. - Hjemlængsler. - Sorte duer. - Plantevæxt og frugtbarhet.

XVI. Oljefabrikation. - Natlig rottejagt. - Saltkogning. - Fiskeri. - Et kjæmpetræ. - Signal efter seiler. - Evig speiden. - Skuffelser.

XVII. En lykkelig dag. - Seiler i sigte. - Alle mand purres. - Baad ud. - Alle kræfter settes til. - Udsigt til lysning. - Damper naaes.

XVIII. Ombord paa damperen. - Nye vanskeligheder. - Endelig lysner det. - Glæde blandt alle. - Afsted til skildpaddedammen. - Afskeden med de vilde. - Farvel til det 10 maaneders hjem.

XIX. Afsted med «Clyde». - Besøg paa Fonafotti. - Til fest hos de indfødte. - Paa øen Rodoma. - Blandt civiliserte mennesker. - Lidt beklædning. - Fidjiøerne naaes. -

XX. 24 dagers haard reise med bark «Ellen». - Endelig naaet Sidney. - God behandling. - Afsted til England. - Hjemme i Norge. - Glæde og lykke.

I.

En smuk juliformiddag i 1896 lettede den norske Bark «Seladon» anker og forlod Newcastles havn i Ny-Syd-Wales, Australien. En fin bris fyldte de hvite seil, der et for et udfoldede sig, mens magelige dønninger stuvede skuden let op og ned og en liden frisk saltsprøit en gang imellem vaskede over rækken. Snart gled Australiens mørke kyststribe længere og længere ud i horisonten, indtil kun den klare himmel til slut syntes.

Alt tegnede til en smuk reise med stadigt veir og føielig vind, udsikter der i forening med god hyre og god skude, altid sætter de raske og ufortrødne sømænd i det jævne, livsglade humør, der virker som selve friske sjøsprøiten og lette havluften paa os landkrabber.

«Seladon» var en god seiler og gjorde under disse gunstige veirforhold 7-8 mils fart trods full kullast. Barken, der havde en drægtighed paa 1066 tons, var hjemmehørende i Stavanger, førtes av kaptein Adolf Jæger samt havde norsk besætning bestaaende af 15 mand, hvoraf de fleste ligesom kapteinen var fra skibets hjemsted. Kursen stod mod Honolulu paa Sandvichsøerne, hvor lasten skulde udlosses og ordre afventes.

Dag efter dag gled den under samme gunstige veirforholde, god fart og godt humør. De gjængse gjøremaal, vagterne, udpurringer, skofning og alt dette, der i godveir glider som en dans for den raske sømand, gikk ogsaa herombord saa let, som paa nogen tur tidligere. Efterhvert som tiden led fremover, glædede mandskabet sig mere og mere i ankomsten til Honolulu, hvor afmønstring kunde finde sted, og udsigterne for en temmelig god hyre - 8-9 pund sterling - var i vente. Stadig dreiede samtalen sig herom under maaltiderne i ruffen og paa frivagterne. Jo, da skulde der bli træksedler, som kunde monne lidt for dem der hjemme og alligevel en god skilling tilovers i egen lomme.

26 dage løb saaledes let afsted, nærmere og nærmere bar det mod reisens maal og de gode forventninger.

Men en aften ved 8 tiden indtraf noget helt uventet. Førstestyrmand gav pludselig udkigsmanden forud paa bakken ordre til at holde god utkig og varsko, hvis land faaes, da en ø snart skulde være isigte. Han maatte ogsaa ved afløsning meddele næste vagt samme ordre med strængt paalæg om at se godt efter.

«Vel styrmand!» svarte vagten, men kunde i sit stille sind ikke andet end undre sig over hvor i al verden der kunde være nogen ø i farvandet efter den kurs, som de nu skulde holde. Man maatte jo gjøre en hel afstikker, efter hans mening, forat kunne komme borti nogen ø, hvis kursen var ret sat, for her skulde da være greit farvand, saa pas forstod han sig baade paa kart og bestik.

Imidlertid fik styrmanden det helt travlt med at holde udkig fra riggen. Op og ned klatred han gang paa gang formelig helt nervøs.

Men kapteinen, der var svagelig – han led af en brystsygdom – sad i en lænestol agter paa hyttetaget og ligesom ventede paa at noget skulde ske.

Mandskabet, der var samlet midtskibs, havde derimod ingen anelse om nogetsomhelst galt. Saavidt enhver vidste, var, efter den kurs skuden nu skulde holde, ingensomhelst hindring iveien, og veiret var forholdvis pent, omend kvælden noget mørk.

Den pludselige ordre, som styrmannen saa helt uventet havde givet udkigsmanden forud, forundrede dem derfor ikke lidet, samtidig som styrmandens mistænksomme travlhed og kapteinens forunderlige uro bragte dem til at studse og snakke sig imellem om, hvad der egentlig nu kunde være ivente.

Det led henimod midnat. Klokken var vel omkring 1/2 12. Endnu intet varsko var hørt fra udkigsmanden. Da skjærer med et som et isnende dødspust styrmandens raab paa halvdækket agter:

«Hvid brækning om styrbord!»

«Gud hjælpe os!» fôr det som uvilkaarlig mumlen gjennem vagten, og i samme nu stormed alle mand mod styrbords række stirrende udover med angstspændte blikke.

«Styrbord ror!» hvined komandoraabet, det gjaldt at faa falde af saa skuden kunde gaa klar brækningerne.

«Alle mand paa dæk! Purr ud vagten!»
lød det næste raab.

Med rivende fart stævned barken lige mod braatene, knapt en streg faldt den af, saa det var synligt for enhver, at her ingen tale var om redning.

Da var det med ét, som skuden pludselig stod stille. Intet haardt stød, intet brag og bulder, et uhyggeligt «stop», der bragte hele skroget til at xitre i hver planke, og den stolte bark stod som naglet i en fast sandaktig masse.

Kapteinens ordre lød at brase bak, men til ingen nytte. Urokkelig som selve fjellet stod skuden, hvor den var løbet paa. For aldrig at reddes mere.

Pumperne peiledes nu i en fart. I rummet var 4 fod vand.

Kapteinen gav styrmanden ordre at gjøre baadene klar. Stuerten fikk besked at bringe noget proviant iorden.

Alle mand tog fat med at faa baadene ned af ruftaget. Det noget brydsomme arbeide at løse surringerne, hvælve baadene over og faa taljer i tog en god tid, saa henved en halv time var gaaet, inden begge baade kom paa vandet. En mand i hver af disse havde nok med at holde klar fra skibssiden, da sjøen brød temmelig høit.

Stuerten havde nu faaet sammen noget proviant, rigtignok kun beregnet paa 3 á 4 dage, og denne blev lastet i baadene.

Kapteinen sad for det meste under hele denne tilstelling agterut i halvdækstrappen.

Til slut lod han sin sæk bringe i den ene baad. Mandskabet mente, denne indeholdt de for udrustningen fornødne greier, og da saaledes det vigtigste ansaaes bjerget, og ingen tid længere var at spilde, beordres alle mand i baadene.

Skuden var nu begyndt at give sig svært i sjøerne, og fra riggen og masterne hørtes brag og knag, som vilde det hele styrte overbord. Hvert øieblikk var yderst kostbart, om ikke ulykke skulde ramme, hvorfor det gjaldt hurtigt at faa sætte bort fra vraget.

Med den største forsigtighet manøvreredes baadene klar af skuden, der rokked sig haardt fra for til agter, der den stod paa sandbanken, og bragte et sudrag som en malstrøm til at hvirvle ved agterskibet. Med nød og neppe klarede mandskabet at arbeide sig ud herfra, og nu bar det løs paa de vældige sjøer, der brød lange og tunge med skumsprøit paa topperne.

Den første tanke, efterat man var kommet klar af vraget, gjaldt proviantforraadet. Det ængstede, at dette kun var beregnet for saa kort tid, men da man hørte kapteinen snakke om, at der snart blev landing, tænkte enhver, at de skulde prøve at lægge til ved øen, hvor skibet var stødt og havde da haab om ved dagens frembud at faa redde, hvad der mere behøvdes fra vraget. Imidlertid blev der ikke tale om forsøg paa nogen landing, saalænge nattens mørke varede. Det gjaldt at ro mod sjø og vind, saa at baadene kunde holdes klar af brækninger og land, indtil det dagedes.

Udpaa morgenen saa de skibbrudne vraget langt borte. Man satte da alle kræfter til, forat naa bort imod det og prøve at faa reddet noget mere. Blandt andet hadde kapteinen forsømt at medtage sin oktant, ligesom provianten maatte forøges. Af klæder havde ingen mere end det, han stod og gik i.

Komne bort til vraget, viste det sig umuligt at borde dette eller at tænke paa redning af noget. Skuden var kastet helt over paa den ene side, og sjøerne vælted skummende over skroget.

Med tungt mod og lidet haab forsøgte de stakkars mennesker at sætte seil til i sine baade og at arbeide sig langs øen i haab om at finde en landingsplads. Men hvor man saa, var det langgrundt og utilgjængeligt, mens braat i braat brød over sandbankernes talrige rev og danned en sydende skumhvirvel langs kysten. Taus og nedstemt sad enhver og stirrede spændt mod den hvide, sandede kyst. Skulde her intetsteds være at lande, da saa

det alt andet end lyst ud, at maatte sætte tilhavs paa det
uvisse i storm og de vældige sjøer med sin knappe
udrustning og uden de fornødne navigations-
instrumenter.

II.

Starbruckøen hed den ø, hvorpaa skibet strandede.
Dens beliggenhed er 50, 25 grader s. br. og 155, 50
grader v.lg. Det er en af disse farlige sydhavsøer
omringet af talrige sandbanker og rev mod hvilke
strømmen sætter ind med rasende fart og danner
sydende skumhvirvler.

Paa et af disse rev, der strækker sig langt ud fra øen,
var det, at den norske bark fik sin sørgelige skjæbne.

Trods alle undersøgelser og gjentagne forsøg paa
landing, viste dette sig aldeles ugjørligt for de
skibbrudne.

Overalt strakte den flade ø sig langgrundt udover, og
farvandet rundt om var opfyldt med sandbanker og rev,
hvorover havet væltede mæktige dønninger, saaat det
lille stykke land laa som i en ramme af pidskende
graahvidt skumbraat. En baad, der nærmede sig kysten,
vilde øieblikkelig blive draget ind i brændingerne og
enten sættes fast i en sandbanke eller splintres mod
klipperne. Vand, trær eller nogenslags beskyttelse
fandtes ikke paa den golde ø. Kun nogle smaa søfugle
sad ensomme borte paa en sandhaug.

Man havde derfor intet andet valg, end at lade det staa
tilhavs i baadene paa det uvisse, enten i haab om at
møde en seiler eller at naa en anden ø.

Kapteinen mente, det var bedst at sætte kursen for Moldenøen, der skulle være den nærmeste, ca. 100 engelske mil borte. Om en 2-3 dage maatte denne kunne naaes, hvis ikke vind og sjø lagde for store hindringer iveien.

Med et beundringsværdig godt mod styred de tapre sømænd bort fra øen og vraget af sin stolte skude, og ud bar det paa det store oceans vældige bølger. Snart saaes kun himmel og hav, hvor blikket vendte sig, mens de to baade hævedes som paa fjeldtoppe for i det næste nu at sænkes ned i de dybe bølgedale. Om nætterne funklede de talrige stjerner paa den mørke himmel, og ofte var de største af disse til stor hjælp som veileder i kursen, da kompasstregerne var vanskelig at sjeldne i mørket.

Da den ene baad seiled hurtigere end den anden, blev begge bundne sammen med en slæber, forat man om natten ikke skulde komme fra hindanden.

To, tre og fire dage og nætter seiledes i samme kurs, men ingen ø viste sig i horisonten. Da var det som modet begyndte at synke lidt, ensomme og magtesløse som de to smaa nøddeskal tumlede om af de vældige naturmagter. Det var utvivlsomt, at kursen maatte være feilagtig, hvilket med de mangelfulde navigationsinstrumenter, de medhavde, saa meget lettere kunde tænkes.

Det gjaldt derfor at gjøre et nytt forsøg og sætte kurs mod en anden ø, Christmas Island.

Atter lysnede det i sindene, og haabet tændtes, mens det bar afsted over den endeløse flade.

De 16 mand var fordelt med 8 i hver baad, vagterne blev skiftevis overholdt ligesom ombord. Hver morgen og aften ved sextiden uddeltes omtrent to vinglas vand til hver, da der maatte bruges den største forsigtighed med det knappe forraad, bestaaende af to smaa fyldte dunke. Ogsaa med provianten maatte anvendes den største økonomi. Kun et par sække, der indeholdt omkring 50 pund brød og nogle daaser hermetik, kjød, lax og sardiner, var alt det, der skulle strække til for de 16 mand i uberegnelig tid. Ofte kunde en unævnelig angst overkomme dem, en angst for, at det ringe forraad skulde slippe op, inden land naaedes, og hunger og tørst borttage mod og kræfter. Og desværre viste denne frygt sig snart begrundet. Trods den største forsigtighed var der yderst lidet tilovers af vandbeholdningen, da de første 8 dage var forløbne. Med bankende hjerter heldte man af den omtrent tomme dunk: skulde nu ikke land snart øines, vilde stillingen blive fortvilet.

 Men trods al speiden viste ogsaa denne kurs sig at have været mangelfuld. Dage og nætter gled hen, tunge og sorgfulde, medens de omtumlet af de vældige sjøer intet andet øinede end himmel og hav. Da begyndte den uhyggelige rædsel for alvor at bryde sig frem blandt de arme mennesker. Stund imellem talte de kun om, hvor de skulde sætte kurs for at finde land. Lige raavild var den ene, som den anden. Befal og mandskab var lige ille stillet, og snart vilde tørst, hunger, udmattelse og elendighed staa for døren.

 Tislut mente kapteinen, der ingen anden udvei var end at holde udkig efter seiler, om de kunde være saa lykkelig at blive opserverede af en saadan.

 Og i de tunge, lange dage stirrede de blege

forgræmmede ansigter i de to sammenlænkede baade omtumlet paa det vældige ocean helt uhyggelig paa hverandre, som vilde den ene forpinte søge en haabløs trøst i sin arme stilling hos den anden ligesaa haabløse.

III.

 Den 9de dag var vandforsyningen paa de to smaa dunke næsten opsluppet, og af provianten var der saa lidet tilovers, at de ubetydelige rationer, der blev uddelt, snarere bidrog til at pirre end stilne sulten. En ulidelig tørst overkom de stakkars mennesker, og den ubetydelige næring svækkede sind og legeme. Hungerens uhyggeligt hule, gravende smerter pinte dem dag og nat. Men atter et nyt onde havde de at imødese.
 Til stor lykke var disse 9 dage gledne hen i forholdsvis mageligt veir. Vistnok var sjøen til sine tider temmelig strid, men forat være midt ude paa Stillehavet i 2 almindelige skibsbaade, kunde man intet ha at klage. Men den 10de dag brød en ordentlig storm løs. De vældige langdragende dønninger pidskedes til graahvidt skum med sjøer paa toppene. Der maatte tages rev i de alt andet end store seil, og de to smaa baade kastedes bogstavelig talt som nøddeskal hid og did paa det oprørte havs bølger. Størst var frygten for en ulykke, naar det gav voldsomme ryk i slæberen.
Det var, som om man vented, at den vilde brækkes i hvert øieblik.. Den holdt imidlertid mærkelig godt i de svære ryk, men snart skulde dog en anden ulykke indtræffe. Ved et af de kraftigste ryk af den forreste baad, idet denne med rasende kraft hævedes op paa

bølgekammen, gav det et saa voldsomt sæt i slæberen, at den agterste i et nu kantrede og laa med kjølen i veiret. Alle de 8 mand blev kastet overbord og kjæmpede med at holde sig oppe i de svære sjøer, idet de søgte at klamre sig til kjølen af den forreste (agterste, kantrede, red. anm.) baad. Fortvilet var det for de øvrige at se sine 8 kamerater i denne forfærdelige stilling. I en hast at faa komme dem tilhjælp, at faa seil ned og manøvrere i stormen og de vældige sjøer i en liden baad med et vrag slæbende efter sig, var ikke saa ligetil.

  Dog ved opbydelse af sine bedste kræfter og en utrolig ro og selvbeherskelse i det yderst farefulde øieblik ydede de tapre sjømænd sine kamerater en hjælp, der lidet vil kunne forstaaes af den, der ikke har været øienvidne hertil. Inden faa minutter blev den forreste baad vendt og ved hjælp av slæberen halet agterover mod den kantrede. Med den største forsigtighed blev nu mand for mand draget ind over rællingen, mens baaden kastedes op og ned som en bold. Yderst nøie maatte det paasees, at ikke mere end et par mand ad gangen fikk klamre sig til baadkanten, da en liden uforsigtighed herved øieblikkelig vilde ha havt til følge, at ogsaa denne baad kantrede. Tømmermanden, der var 60 aar og den ældste, blev først reddet. Han jamred sig og skreg med armene fortvivlet strakt i veiret, som saa han døden lige i øinene. Kameraterne raabte og opmuntrede ham til ikke at give tabt, indtil han i en yderst forkommen tilstand blev bjerget. Dernæst blev en for en af de mindre dygtige svømmere halet ind, mens nogen af de dygtigste holdt stand en lang stund i de svære sjøer, da redningen tog ikke saa liden tid under det haarde veir.

Tilslut var de 7 mand lykkelig frelst, men desværre savnedes 1ste styrmanden, der under hele forliset havde seet mest nedbøiet og fortvivlet ud. Hvor man speided, var og blev han borte. Maaske har hans kræfter været for svage, og han har overgivet sig til døden, imod at kjæmpe i de haabløse lidelser, maaske er han blevet et offer for de graadige haier, der ofte kredser om baadene.

Da natten brød frem og stormen stod lige haardt paa, var der intet andet at gjøre, end med sorgbetynget sind at opgive redningsforsøget af den savnede.

Den ene baad blev saa overlastet, at kun øverste bord var overvands, og man maatte bruge den største agtpaagivenhed, for at en endnu værre ulykke ikke skulde indtræffe.

Hele natten blev holdt gaaende ved, at den lastede baad drev afsted slæbt efter den kantrede, da noget forsøg paa at faa denne paa ret kjøl ikke var muligt, førend det dagedes.

IV.

Havde det hidtil seet mørkt ud lysnede det just ikke nu. Enhver kan tænke sig, hviken stilling det var for de ulykkelige 15 mand, der med nød og neppe var indstuvet i en almindelig skibsbaad omtumlet av oceanets mæktige bølger i den rasende storm. Det gjaldt for de fleste at lægge sig ned i baadens bund, for at holde den stødig, mens 4 og 4 mand skiftevis arbeidede af sin fuldeste kraft med aarerne, saaledes at det lille fartøi kunde holde tappert stand mod sjø og storm. Det hele var den ihærdigste kamp mod de rasende elementer, en kamp for livet, som de arme mennesker aldrig vil glemme. Men stor var ogsaa den udholdenhed og det mod, som de denne rædselsfulde nat udviste. Mangt et mandskab havde her givet tabt og var gledet bort i dødens kolde favn, havde i sløv selvopgivelse søgt hvile og befrielse fra sine haarde lidelser ved at give efter for de svage kræfter. Og aldrig havde nogen af de kjære, som derhjemme længtende ventede, faaet anelse om deres kampe og deres grav. Saameget større ros og beundring fortjener disse vore djærve sømænd, der ikke et øieblik gav efter for sin haarde stilling, der tappert kjæmpede sin kamp ud til en uomtvistelig seier.

Men hvor haard end denne stridens nat var, ved kun de selv at berette. Ingen fantasi magter at fremtrylle et billede saa sort som virkeligheden her var.

Og dog – de seirede.

Da dagskjæret brød frem, og stormen begyndte at lægge sig lidt, havde de udmattede lemmer bjerget sin lille skude med den kostbare last fra at fyldes af de mæktige sjøer.

Og om ikke den sidste, saa var dog en haard nat stridt ud.

Med stor anstrengelse haled man sig ned til hvælvet og forsøg blev gjort paa at faa baaden paa ret kjøl. Seil og mast kappedes, og tilslut fik man den endelig rundt. En mand kom sig nu over i baaden og begyndte at lænse den ved hjælp af en pøs. Men dette arbeide viste sig snart helt at mislykkes. Ikke før var endel vand øst ud, før en vældig bølge overskyllede det hele og fyldte baaden. Gang paa gang gjentoges forsøget, men med samme resultat. Tilslut maatte dette helt opgives, da manden, som lensede, var udsat for at bortskylles af sjøerne der væltede over ham.

Et høist uventet og noksaa mærkeligt fund overraskede den øsende. Som han skal fylde pøsen, griber han pludselig i noget haardt og haler til stor glæde op en box hermetik. Til trods for at baaden den hele nat havde drevet om med kjølen i veiret, var denne ene box ligesom ved et under bleven liggende tilbage. En stor og kjærkommen overraskelse for de 15 sultne munde!

Der var nu intet andet at gjøre, end at kappe slæberen og lade den fyldte baad drive for vind og vove, mens det af nattens sjøer gjennemvaade mandskab søgte at tørre sine klæder i morgensolens sparsomme straaler, der af og til brød frem, indtil en tung sky gled over himlen, og et saltsprøit atter gjennemvædede dem til skindet.

V.

Kapteinens mening var, at med en saa fuldlastet baad nyttet det lidet at tænke paa redning. Bedst havde det været at bli drivende efter slæberen til den kantrede baad, mente han. Men da mandskabet heller fandt, at der burde gjøres forsøg paa at faa sætte seil til, spurte en, om kapteinen var enig heri. Han svarte, at for ham kunde de gjerne prøve det. Han for sin part syntes at have lidet haab.

Da var det, at slæberen blev kappet, og man forsøgte at faa reise seil. Og til al lykke gled den lille seiler noksaa fint over sjøerne, men stor forsigtighed maatte udøves forat hindre kantring. Det var en yderst farefuld seilads at klare sig over de svære sjøer med den lille overlastede skibsbaad. Ikke et øiebliks nøiagtigste paapasselighet maatte undslippe nogen, enhver havde sit at varetage paa det punktligste.

   Det er ikke let at sætte sig ind i den stilling disse 15 mand havde at kjæmpe i, tæt sammenstuvet som de var i det lille fartøi, der for omkring paa det uvisse over verdenshavets vældige øde. Lange og haarde var dagene, fuld af alskens pinende smerter. Ikke en draabe vand havde de at læske sine tørre struber med i flere dage, imens æqvatorsolens brændende straaler faldt lodret paa deres hoder. En ulidelig hede kunde det være i de lange dage og saa om natten igjen den raaeste temperatur, der bragte lemmerne til at skjælve, vaad og mat som enhver krøb sammen paa baadens haarde tiljer. Oftest var der ogsaa en del vand paa bunden, saaat den halve del af legemet blev gjennemtrukket heraf, mens den anden halvdel nu og da oversprøitedes af indbrydendes sjøer. Just ingen styrkende søvn kunde man vente sig her paa dette haarde og vaade leie, trangt sammenpakket mand ved mand laa de der tænderklaprende af nætternes kulde. Det synes helt utroligt, at ens helbred kan udholde sligt. Og dog krøb enhver taknemmelig til sit leie ved kvældens frembrud matte og udpinte, som de i fuldeste mon var paa sjæl og legeme.

   Stadig maatte en mand sidde ved øsekaret nat og dag, da foruden at baaden lækkede, ret som det var en sjø brød ind over rælingen; stundom stod der endogsaa som et eneste sjøraak over det hele.

   Smertefulde saar og gnav fikk man hist og her paa

kroppen af det haarde leie mod baadens spant og tofter. Alligevel var dette forholdvis intet mod de lidelser, tørsten dag for dag i den stærke hede fremkaldte. Tilslut pressede de tøre læber sig helt sammen, mens sprækker og saar danned sig paa tungen og i mundhulen. Ogsaa deres ansigter blev delvis bedækkede med saar af den brændende, ubeskyttede solhede.

Da græd de arme mennesker og opsendte hver dag brændende bønner til gud om himlens regn, blot nogle draaber - og den største lykke vilde føles. Ofte syntes lidelserne saa uudholdelige, at man længtede efter døden som den eneste befrielse. Og atter optendtes varme bønner om, at disse rædsomme plager snart maatte faa en ende, og de udpinte legemer faa hvile i den evige slummer.

Men atter dukkede dette menneskeskjæbnen velsignede haab op, dette som lig en fager sommerdags solstreif lyser og mildner og gir´en utrolig kraft i sind og legeme til at kjæmpe sig gjennem, hvad der til andre tider synes saa helt umenneskeligt.

Og takket være dette solstreif, der har reddet saa mang en svag krop fra for tidlig at give tabt og bukke under, holdt det ogsaa de sidste svage kræfter oppe i «Seladons» skibbrudne mandskab.

VI.

Trods de haarde lidelser, var der dog ingen, som klaged eller jamred sig. Enhver fandt sig taalmodig i sin stilling og opbød alle sine kræfter til tapper udholdenhed. Man søgte enddog indbyrdes at ymte et og andet trøstens og opmuntringens ord til sin kamerat, mens en urokkelig tillid til forsynet og tro paa at blive frelst, boede i hvert bryst hos det hele mandskab. Trængte af og til et lidet øiebliks nedslagenhed sig frem, seired snart atter modet og haabet hos dem. Men ofte, naar lidelserne tyngede mest, drog tankerne længtende hjem til de kjære, som nu intet aned om den tunge skjæbne, mandskabet fristede herude. En haard tærende længsel sled sig frem og et tungt suk pressed sig over de tørre, smertende læber. Varme bønner opsendtes om frelse, og om engang lykkelig at faa naa hjem hver til sine.

Endelig kom en glædens jublende dag, da himlen mere og mere blev overtrukket af tunge skyer, der tilslut sendte sin velsignede regn til de tørstige struber. En lykke der vanskelig kan beskrives, føltes hos de stakkars udtørstede mennesker, mens de ivrig gav sig ifærd med at opsamle hver draabe i et udspænt seil, for derefter at fylde vandet over paa dunkene.

Med vild begjærlighed sugede de de lædskende draaber gjennem sine saare struber, mens dog den største sparsomhed maatte bruges forat kunne beholde forsyningen for kommende dage saa stor som mulig. Det var en glædens og opmuntringens stund, der satte nyt, friskt liv i lemmerne og virked lægende for hele kroppen.

Men snart efter skulde atter en sorgens dag oprinde. 8 Dage var forløbne, siden den ene baad kantrede. Kapteinen havde for det meste ligget syg agterud i baaden, stille og rolig uden nogen klage andet end en gang imellem at snakke om, saa vaad han blev, ligesom sjøerne søgte særlig der agter, mente han.

Henved middagstider raabte han pludselig paa styrmand og sagde, at det vist snart var forbi med ham nu. Styrmanden svarte med et par opmuntrende ord, og kort efter bad kapteinen om lidt vand.

Da man saa døden nærme sig hos den syge mand, blev reglementet brudt og et par spiseskeer vand givet den døende kaptein. Han blev saa atter liggende uden at nævne noget.

Om eftermiddagen kl. omkring 5 døde han stille og roligt uden nogen tilsyneladende haard dødskamp.

Med tungt hjerte gik mandskabet igang at ordne til sin kapteins begravelse, slig som det bedst kunde lade sig gjøre under disse omstændigheder. Hans sæk, der indeholdt klæder, skibspapirer samt nogle smaating, blev tømt. Uhret, hvori der var fotografi af hustru og børn, blev gjemt. Derpaa lagde man liget i sækken og fremlagde, hvad der erindres af begravelsesritualet, hvorefter ligbaaren blev hævet over rælingen og langsomt sænket i det store opslugende dyb, mens «Hvo ved, hvor nær mig er min ende» klang dystert fra de sørgende. Liget sank strax. Det var jo kun skind og udtærede ben.

En stor og høitidsfuld stund var denne simple og dog saa gribende begravelse herude i den mægtige ensomhed paa det endeløse oceans bølger. Tung og alvorsfuldt maned den til de bekymrede tanker hos det ulykkelige mandskab: mon hvem af os, der blir den næste.

Og de bad sine hede bønner til gud om snarlig frelse og befrielse fra sin elendighed, om at den lykkelige dag maatte oprinde, da de atter fik sætte foden paa det kjære hjemlands grund og blive favnet af de kjæres arme og faa se smilet lyse af de forgrædte øine.

Saa brød natten frem og den store hjerterod af funklende stjerne tændtes over hoderne paa de 14 ensomme sjæle i det lille nøddeskal, og over det afsjælede legeme, der havde fundet den evige hvile i dybets vældige grav.

VII.

I de sidste dages fortvivlede stilling under storm og ulykker havde man ikke kunnet holde nogen sikker kurs.

Mandskabet tog sig nu sammen og snakket sig imellem om, at en bestemt kurs burde sættes, og at der burde styres efter et vist maal, saavidt mulig. Kartet blev nøie studeret, men da det var uklart, hvor man befandt sig, og Sydhavet vrimler af øer, blev det ingen let sag at komme til noget resultat. Imidlertid enedes man dog om, at forsøge kursen sat mod Fidjiøerne, der formentes at ligge i sydostlig retning.

Skjønt der var opsamlet et temmelig bra forraad med regnvand, overholdtes fremdeles den samme sparsomhed med dette som tidligere. Kun de 2 vinglas til mands morgen og aften blev uddelt, og ingen ymtede et muk herimod, trods den brændende tørst, som solens stikkende straaler fremkaldte. Enhver forstod fuldtud nødvendigheden af, at der sparedes saa meget som muligt paa vandet, da man i kommende dage kunde udsættes for lang tids regnmangel. Glad var man over at ha saapas, at de saare læber kunde fugtes et par gange daglig og struben lædskes, saa lidet det end var. Værre saa det ut med proviantforraadet. Længe vilde man umulig kunne holde det gaaende, endskjønt rationerne uddeltes saa knapt som mulig. Med skjælvende angst, dvælede tanken ved den dag, da den frygtelige hunger med sin redningsløse tærende hulhed helt magtstjælende vilde indfinde sig. En og anden sjelden gang flagred en forvildet flyvefisk af størrelse som en almindelig liden sild (brisling) over deres hoder, og kom denne saa nær, blev den med glæde grebet af en begjærlig haand og i samme nu slugt af den graadige mund, mens fisken endnu sprællede i svælget.

To gange om dagen uddeltes provianten. En mand sad da i baadens agterdel og skar op kjød eller fisk i ligestore portioner. De øvrige lukkede øinene, og manden spurte nu, idet han peged paa den ene del, hvem der skulde have den, saa den næste o.f.v. , indtil hver hadde givet sit svar og faatt sin del. Kun omtrent en ske fuld var den ration, hver mand saaledes fikk uddelt til sit maaltid. Men altid hersket tilfredshed, aldrig hørtes misnøie og misundelse blandt det trætte og udhungrede mandskab, om det engang hændte, at den enes del faldt litt større end den andens.

Fremdeles gled dage og nætter hen i samme haabløse elendighed. Brændende hede afløst af den kolde søvn i baadens bund med den halve krop i vand, saar og lemster af det haarde leie over tofter og tiljer. Især var hofterne aldeles hudløse hos enhver af dem. Saarene i mund og ansigt sved og smerted, sult og tørst pinte og plaged, og trangt var rummet for 14 mand i den lille baad. Ikke én fik under søvnen helt strække ud sit trætte legeme.

Men trods alt overholdtes vagterne, vand- og proviantuddelingen præsist som ombord paa en skude.

Man sov turvis og havde en mand til bestandig at holde baaden lens ved øsning. Dog kunde det tildels skorte en smule paa kræfter, saaat ikke altid alt indstrømmende vand hurtigt nok blev udpumpet. I den sidste tid var der ogsaa opstaaet nogle slemme lækager, som det viste sig vanskeligt at faa udbedre.

Trætte øine speidede ivrig over den endeløse flade, men altid og altid forgjæves. Aldrig var en seiler eller noget tegn til land at øine, øde og øde, altid øde, intet haabglimt, ingen opmuntring i den lange kamp.

Og dog holdt man modet oppe. Aldrig et øieblik gav man helt tabt, men stoled sikkert paa at blive reddet tilslut.

Det synes næsten overnaturligt, at en saadan urokkelig tillid og tro paa forsynet under slige fortvivlede omstændigheder saa helt kan holde én oppe. Men ikke mindre stort og beundringsværdigt er det.

Og det indbyrdes forhold og den kammeratslige enighed, der altid var mellom hver mand, er et af de smukkeste træk ved hele denne sørgelige begivenhed.

Aldrig tale om had eller ondskab, ikke engang pirrelighed mod hverandre. Alle som én var de enige i, om ingen redning kom, at dele døden sammen. Her var ikke fjærneste tanke paa noget af dette rædselsfulde, der desværre langtfra er blet eventyr, det som heder offer, lodkastning eller lignende. Nei, en kammeratslig trofasthed i nødens store stund, hvis sidestykke man skal lede efter, var et og alt hos «Seladons» ulykkelige skibbrudne.

Et uendelig stort og vakkert karaktertræk, uvisneligt og evigt som en helts seiersminder, har disse Norges brave søgutter sat paa sin stand og sin nation.

VIII.

23 dage var naa gaaet hen, siden vraget og øen blev forladt. 23 lange, tunge dage og nætter i angst og spænding, lidelser og udmattelser.

Da kom denne rædselfuldeste af alle dage – ingen proviant mere.

Tomt, tomt overalt. Ikke en smule i boxerne, ikke en krumme i sækkerne. Og saa var man 14 sultne munde i en liden baad paa det uendelige verdenshav. Intet tegn til land, intet glimt af seiler, kun de store, vældige, rullende bølgers tunge larm, og tildels en og anden sjøfugls hæse skrig, der ligesom varsled om dødens snarlige komme.

Med sorgfyldt sind og slugende graadighed blev de sidste mundfulde slugt, saa ligesom sank hver af de trætte mænd hen i dump resignation, gav sig over i en halvt levende, halvt livløs døs. Og dag for dag slappedes de sidste rester af kræfter under hungerens stedse øgende hule, gravende smerter. Kun de faa draaber vand, der ligesom tørredes bort i svælget, saa de neppe føltes i maven, var alt, hvad man havde at nyde.

I sex døgn varede denne rædselsfulde stilling.

Men særlig de sidste dage og nætter var rent ulidelige, og stor er den sjælsstyrke, disse ulykkelige mennesker maa ha' været i besiddelse af, da deres forstand ikke gik tabt under de lange lidelser.

Ofte kunde en og anden i fortvivlelse kaste sig over læderet i tollegangene paa baaden og gnave paa dette eller paa en taugstump, for ligesom herved at stille sin smertende hunger. Men mest sad eller laa man stille hen i en døs, en hengivelsens slappe døs, som var man i den store kolde døds forhald med døren paa klem ind til dette evige, gabende rum.

Ikke mange ord vexledes. Tunge og sløve ligesom henvisnede blik saa dumpt paa hinanden fra de gulhvide, udtærede ansigter med de langt fremstaaende kindben.

Tilslut magtede man ikke at slæbe sig fra den ene ende af baaden til den anden, og de sidste nætter sandsede man neppe at overholde vagterne.

Som dage forekom dem timerne, som maaneder dagene, hjerteløs lange og uden haab.

Men selv ikke nu pressed et klagende suk sig over læberne, og end ikke nu, saa at sige med de ene fod i det evige glemsels rige, vilde haabet om redning helt forlade dem. Det var, som Guds vældige haand havde sit sikre tag i deres skjæbne, som skulde de ikke give helt op.

Men alligevel stod det, som en naturlig følge, klart for dem, at døden nu var i vente hvilket minut, det end skulde være. Her var kun tale om at være ansigt til ansigt med den store gaadefulde evighed.

Saa brød 29de nat ind. Vældig og høitidsfuld som kimede klokkerne de sidste tunge slag over de 14 levende ligs grave.

Majestætisk kom mørket i sin tause, store vælde mens milliarder af funklende stjerner og sydhavets pragtfulde farverige billeder fra oven ned til de stakkars hjælpeløse puslinger i baaden, som vilde tindrende funker tænde haabets glødende lys i de arme hjerter.

Da bankedes længselen sig saart frem i barmen og sukke opsteg til himlen og havets herre om endnu at faa opnaa gjensynet af sine kjære i hjemmet.

Eller om det skulle faa ske, om den kolde, mæktige haand, der nu ligesom føltes at have taget sit tag i byttet og kjæmpede for ikke at give slip herpaa, om denne haand virkelig tilslut skulde seire, da ialdfald blot at kunne faa stride sin sidste haarde kamp ud paa et klippestykke, paa en øde holme eller et skjær. Blot faa strække sine krumme lemmer endnu en eneste sidste gang paa landjorden. Hva vilde de ikke ha´ givet herfor! Hvad vilde de ikke ha´givet for endnu en gang at føle landjorden under de svage lemmer, at faa se blot et glimt af sine kjære derhjemme, blot høre deres stemme! Hva vilde de ikke ha´givet herfor! Men ene og forladt paa verdenshavets øde skulde de maaske nu omkomme og om nogle time blive opædt af den skare graadige haier, der den sidste tid længselsfuldt ventende og begjærlig havde kredset tæt om baaden. Ja saa nær ved, at de næsten maatte bruge magt og bortjage dem med aarerne.

Var saa ikke disse tanker rædselsfuldt trøstesløse! Kan det mørkeste billede fuldtud rumme disse menneskers lidelse, denne lange, kvælende nat! Magter nogen fantasi at fremmale virkelighedens rædsler i dens sande grufuldhed!

Tusind gange umuligt, og det var heller ikke vel, om saa ei skulde være tilfældet.

Med dødens klamme haand over sig slæbte natten sig trædsk og træg atter frem mod en dag, utroligt som det næsten syntes, en dag til liv.

IX.

30te Dag i baaden – hvilken endeløs evighed!
At den ogsaa skulde opleves, hvem havde vel tænkt det. At saalænge kunde strides, saa haardt lides, saa tunge tag magtes – hvem havde tænkt det.
Var det ikke, som guds mægtige haand gav disse arme skibbrudne helt overnaturlige kræfter i deres store nød? Var det ikke, som skulde den klamme haand tvinges at slippe sit bytte, og den djærve kraft og udholdenhed i stridens tunge stunder tilslut vinde den gyldne seierskrans?
Storslagen og forunderlig er styrelsen af dette skibsmandskabs skjæbne.
Det led over middag. Samme sørgelige tilstand, samme elendighed var der i baaden. Taus døsende resignation. Tankerne tungt dvælende ved hjemmene. Bævende angst for den vældige død. Legemets smerter, hungerens gravende pine. Aa, den som bare kunde spise sig mæt og drikke sig utørst blot endnu en eneste gang! En modbydelig angst for at skulde tjene til haiernes føde. Ak, om man blot fik dø i ro paa et stykke land, en klippeblok, kun saa stor som ens eget legeme. Om ens kjære blot havde anet, hvor de nu var! Nu og da brændende suk og bønner til den almægtige. Saa atter den dumpe halvt livløse døs, som holdt man paa at glide ind i det store ukjendte rige, som skulde den kolde

haand alligevel seierrig slippe af med sit bytte. -

Slig gled eftermiddagen ind - den 30te og sværeste. Og snart stod atter en nat for døren. Aa – den grufulde nat, dødens uafviselige.

Den nat kunde ikke tages med, den nat vilde det briste, for nu var de sidste rester opbrugte, nu stod den sidste trevl af menneskets fysiske selvopholdelseskraft paa sprang til at briste.

Bægeret var fuldt til randen, strax vilde det flyde over.

Men da skulde ogsaa det vidunderlige ske, da, naar alt syntes som tabt og nøden var størst, da var redningen nærmest.

Uendelig jublende overraskelse! Hvad skulde ikke ske!

Henved kl. 4 om eftermiddagen opdagede man pludselig en stor trætop, der hævede sig over horisonten paa læ side, næsten i modsat retning af, hvortil de havde sat sin kurs.

Aa – jublende glæde!

Hvem kan tænke sig den følelse, der betog de stakkars udpinte mennesker, som lige med ét og øiensynlig i sidste øieblik saa brat blev revet ud af dødens arme.

Ligesaa stor som sorgen nys havde været, ligesaa overvældende strømmede glæden nu betagende frem.

Kunde det være muligt! Var det virkelighed, eller var det kun en drøm eller et syn fremkaldt af den sidste udmattelses feberfantasi. Var der virkelig redning og haab om liv!

Og de næsten sluknede kræfter blev med ét helt opildnede.

Det var intet syn, ingen feberfantasi, ingen drøm.

Nærmere og nærmere gled man, og det ene træ fulgtes

af flere, indtil de tydelig havde foran sig en af Sydhavets kokosbevoxede koraløer.

Da brød jubelen overvældende ud hos de brave søgutter.

Enkelte kasted sig mod tofterne og græd, andre skreg og hujede, atter andre strakte sine hænder mod himlen og takkede den almægtige gud, mens beretteren heraf udraabte et rungende «hurra»!

X.

Den lille seiler, der før havde ligget klos til vinden, faldt nu af og lænsede indover mod øen.

Al kraft blev sat til, og hurtigt nærmede baaden sig mod det længe eftertragtede land. Inden 2 timer var man naaet tæt ind til øens kyst.

Nu gjaldt det en heldig landing.

Men hvor man var kommet ind, viste der sig liden adgang hertil.

Fra den lille lave koralø strakte sig et farligt rev langt ud. I mange fods høide reiste de vældige sjøer sig herimod og brød med tordnende bulder som det mægtigste fossefald skummende indover kysten.

Heller ikke paa de øvrige sider af øen saa det lysere ud. Overalt stod vældige braat fossende ind mod kysten paa det runde ubeskyttede landstykke.

Da kvældens uhyggelige mørke brød ind og kræfterne mere og mere slappedes, saa man sig alligevel nødsaget til at vove forsøget paa den farlige landing.

Efter en kort raadførsel sig imellem søgte man at finde forholdsvis heldigste plads, og det behjærtede mandskab lod det nu staa til paa lykke og fromme.

I et nu var den lille baad inde i de rasende brændinger, hvirvledes hastigt rundt som en bold og kastedes under sudragets vilde larm med en rasende fart mod strandbredden, hvor den splintredes i tusinde smaastykker som et ubetydeligt legetøi for de vrede naturmagter.

14 mand tumledes om i malstrømmens sydende drag, og fortvivlet kjæmpede de ved den yderste anspædelse af sine sidste kraftrester med at arbeide sig ind mod bredden.

Snart nærmere, snart fjærnere hvirvledes de op og ned, hid og did. Af og til skimtedes nogle underlige skikkelser, øens indfødte, der ubevægelige stod paa strandbredden og iagttog de hvide mænds kamp med bølgerne. Men ingen viste tegn til hjælp, ingen kasted sig ud forat svømme dem imøde og lette deres landing, skjønt de vilde var dygtige svømmere.

Da sortnede det for de trætte øine, bevidstheden forlod de udpinte hjærner, og en for en af de halvt livløse legemer skylledes op paa øens sandede strandbred.

XI.

Endelig var det udmattede og forkomne skibsmandskab frelst. Endelig havde de opnaaet den lykke at føle fast land under sine fødder, at faa strække ud de krumme og saare lemmer, og at faa røre de stivnede ben.

En efter en vaagnede de af sin bevidstløshed og saa sig opslængt paa sydhavsøens fremmede strandbred. Var denne lykke virkelig, var de frelst, var deres brændnende bønner hørt, skulde deres mod og udholdenhed bli' belønnet, var dette virkelighed og ingen drøm?

Og de trætte øine stirred forvirret omkring, mens den tomme halvvisne hjerne arbeided med at klare den store og overvældende lykke, de nu følte, klare, om den var et lyst drømmebillede eller en nøgen virkelighed.

Jo, det var virkelighed, nu gled det tydeligere og tydeligere frem for dem. Det var virkelighed og intet drømmebillede – de var frelst, frelst fra dødens kolde favn, frelst fra at omkomme fjernt fra sine kjære, frelst fra at skulle tjene til føde for de uhyggelige haier, frelst og belønnet for sit mod og sin tapre udholdenhed i de stride stunder.

Hvilken ufattelig lykke følte ikke disse stakkars udpinte kroppe, efterhvert som de blev dem klarere og klarere, at nu var virkelig deres haarde dage forbi. En lykke, som kun den kan udmale sig, der har lidt usigelig meget og just som han holder paa at glide ind i dødens store rige, blir' revet ud derfra til livets sollyse dage. Som for en dødsdømt, der knæler ned paa skafottet og allerede hører bøddelens øxe hvine i luften om sit hoved og føler hver fiber krympe sig for det hvasse staalblad, der om et tusinddels sekund vil skille hans hoved fra kroppen og saa pludselig i sidste nu gribes af en usynlig frelsende haand og føres tilbage til livet, mens livets og frihedens ord hviskes som harpetoner i hans øre.

Kan saadanne lykkens øieblikke ret fattes? Hvem mangler ikke ord for at beskrive denne store altbehærskende følelse! –

Og mens det reddede mandskab saaledes lidt efter lidt

gjenvandt sin bevidsthed og sine kræfter, havde de en følelse, som var denne hvide, sandede strandbred, hvor de af bølgernes sydende skumhvirvler var kastet op, en paradisets have, hvis porte havde aabnet sig for de trætte og udhungrede legemer.

Og som ved et under – alle var de frelst; alle 14 mand laa spredt om paa sandfladen; de vrede magter derude havde skaanet dem alle fra havets vældige grav.

Lidt efter lidt begyndte de at reise sig og forsøge at gaa omkring. Men kræfterne var saa udtømte, at snart den ene, snart den anden tumlede omkuld, efterat have slæbt sig nogle skridt fremover ravende som beruset. Da blev de pludselig var to sorte, nøgne skikkelser med tomahawk og kniv ved bæltet, der kom løbende frem mod dem under vilde hyl og fagter. Det var af øens indfødte, vilde befolkning, der stod rolig og saa paa de hvide mænds kamp med bølgerne, da baaden blev knust i brændingerne, men efterhvert som de tilsyneladende livløse legemer blev skyllet op paa sandfladen havde de trukket sig lidt tilbage i skjul bag buskerne, indtil de nu saa livstegn og styrtede frem.

Fra det første opfattede de vilde mandskabet som fiender og forsøgte at sette sig i forsvarsstilling, samtidig som de øiensynlig ikke var videre modige af sig. Men efterat de paa sine spørgsmaal, fremført paa et slags halvt engelsk, halvt eget sprog, havde faaet en del beroligende svar, forsvandt lidt efter lidt deres fiendtlige sind og deres frygt. Snart dukkede en efter en frem af de sorte skikkelser og vovede at nærme sig mandskabet. Efterat de indfødtes spørgsmaal, om alle var hvide mænd, blev besvaret med ja, følte de sig yderligere betrygget. De havde formodentlig frygtet for et overfald af sjørøvere eller en fiendtlig stamme af deres egen race. Nu rakte de haanden til hver af de hvide mænd, gren venlig med sine store læber og de hvide tænder og søgte at give tilkjende de venskabeligste følelser og den bedste hjælpsomhed. De bød vand at lædske de tørre læber med, men glæden herover var i begynnelsen saa stor, at man neppe magtede at modtage det. Saa søgte de vilde at hjælpe sine nye venner opover mod hytterne. Svag og fortumlet ravede mand efter mand ustø som drukne opover, støttet av de sorte tjenstvillige skikkelser. Et høist komisk syn maa dette vistnok ha været, men ingen af dem havde øie herfor i sin medtagne stilling. Især var den stakkars gamle tømmermand svært elendig. Hans forstand, der i de sidste dage ikke havde været ganske klar, var nu fuldstændig borte. Han var helt umulig at rokke fra strandbredden, saa det voldte de indfødte den største anstrængelse at faa slæbt ham mellem sig op til husene.

 De indfødte gav sig strax ifærd med at stelle til sine bedste retter og udviste den smukkeste gjæsfrihed. De slagtede et svin, som de stegte paa sin vis i jorden og satte frem frugter og kyllingsteg. Men desværre var hungeren hos deres hvide kammerater nu blevet saa overvældende, at appetiten var helt svundet bort. De var ogsaa vidende om, at det yderste maadehold og den største forsigtighed maatte til ved nydelse af fødemidler efter saa lang tids sult og kunde derfor yderst lidet forsyne sig af de gode retter. Især var det umuligt at faa tømmerrmanden til at tage noget næring til sig. Kun et par slurke vand nu og da svælgede han og blev saa liggende i sin elendige tilstand.

Med de øvrige 13 mand gik det derimod over forventning. Men udseendet var ikke synderlig tiltalende, de var snarere lig levende skeletter end mennesker, kun blege indhulede ansigter og en krop, der bogstavelig talt kun bestod af skind og ben.

XII.

Sophia hed øen, hvorpaa de skibbrudne nu skulde grunde sit nye hjem i uberegnelige tider. Noragitta kaldtes den paa de vildes sprog.

Det var en liden flad, rundformet ø, 10-15 fod over havet, udelukkende dannet af koraler. I haardt veir rysted storm og sjø øen som et let jordskælv. Det lille landstykke var ikke større, end at man paa en halv timestid kunde spadsere det rundt langs bredderne. Disse bredder, der strækker sig 20-30 fod opover fra sjøen, bedækkedes af skinnende, hvid sand og flad smaasten og var bevoxet med forskjellige vakre træsorter, der danned en halvrund, tæt hæk mod sjøkanten. Bølgerne brød lige op mod denne frodige skov, der i stille veir speiled sig vakkert i det krystalklare vand. Længere inde paa øen hæved banantrær og mægtige kokospalmer sine vældige kroner i veiret. Især var en af disse et fuldstændigt kjæmpetræ, ragende som en konge over sine undersaatter. Det var dette «lykkens træ», som mandskabet hin fortvivlede eftermiddag i baaden først fik øie paa langt borte i horisonten. Udenfor øen havde der dannet sig et ca. 100 mt. bredt koralrev, der langt og fladt strakte sig ligesom en mur rundt den lille ø. Dette var af bølgerne isprængt store sprækker, saapass at en baad kunde flyde ind. I haardt veir brød sjøerne i en vældig høide over denne mur og vælted skummende ind paa strandbredden. Da kunde det være et betagende syn, at se den hvide sjømur hvirvle rundt kysterne. Men i stille veir ved lavvande gikk man tørskoet til udkanten af revet. Dybden udenfor dette var omkring 5-10 favne. Paa sydsiden, hvor øerne er ubeskyttet, var langgrundt. Omkring en halv mils vei udover fra kysten kunde havbunden sees.

Med sin rige vegetation, snehvide sandbredder og det store blaa hav skvulpende opover, var øen en ret vakker liden sydhavsperle.

Sophia var privat eiendom, tilhørende en amerikaner. I sin tid havde nogle tyskere drevet guanno-fabrikation der med en arbeidsstok paa et halvt hundrede mand. Driften viste sig ulønnende, hvorfor den nedlagdes, og øen blev solgt til den nuværende eier.

De indfødte var sat herud for at vedligeholde og efterse øen, oparbeide veie, opsamle kokosnødder, tilberede kopra m.m.. De var var ialt 10 stykker, 2 mænd med sine respektive hustruer, en negerpige fra salomonsøerne, der var i deres tjeneste, en 12 aarsgammel pige, 3 smaagutter og en ganske liden pige. De havde mørkebrun hudfarve, sort haar og brede fladtrykte næser, men store og klare øine, især kvinderne. De gik fuldstændig nøgne, naar undtages deres «labba -labba», et lænderbælte af straa. 7 smaa hytter, to af træ, de øvrige af blade og grene, var deres boliger. Føden bestod af kokosnødder, bananer, skildpadder og til festmaaltider ikke at forglemme kyllinger og flæskesteg. De holdt nemlig sine «boakka» (svin) og høns.

Deres store svaghed var søvn og dovenskab, som de dyrkede med den største forkjærlighed og langt mere samvittighedsfuldt end øen, de var sat at tilse. Smykker, punge og alskens glimmer var de meget begjærlige efter.

Forøvrigt var det fredelige og venlige mennesker, der omfattede sine hvide kammerater med den største velvilje og interesse. De kunde heller ikke regnes for absolut uciviliserede, men maatte snarere siges at tilhøre en halvvild race.

Dagen efter hin mindeværdige 6te septbr. 1896, da de skibbrudne fandt sin redning, gjaldt det at faa indrettet sig og grunde det nye hjem saa godt som muligt blandt de sorte indbyggere paa den lille koralø i det uendelige ocean.

Heldigvis var det let at skaffe sig husly. De vilde anviste dem en noksaa bra træhytte, der havde staaet fra den tid, tyskerne var der, og her søgte de 14 mand at ordne sig paa bedste maade.

Med en veltilfreds følelse strakte de sig paa sit leie, skjønt dette kun var gulvets haarde bredder, lykkelig over at have kjæmpet ud de talrige lidelser, de nu neppe voved at tænke tilbage paa. To gange havde de faktisk passeret æqvator, og omkring 3000 engelske mil havde disse 14 mand tilbagelagt i en almindelig skibsbaad over det store verdenshav i disse 30 døgn fuld af alskens elendighed, sygdom og sorg, hunger og tørst, ulykke og død, storm og væde, solhede og kulde. Og dog havde de holdt ud og laa nu paa gulvet i sin egen hytte, frelst i sidste øieblik som ved et rent mirakel.

Det var ligesom de endnu i enkelte øieblikke kunde faa en vis frygt for, at dette skulde være en drøm, denne lykke saa helt utrolig efter alt det haarde og haabløse.

Men som dagene gled hen, og man gjenvandt lidt efter lidt saavel legemlige som sjælelige kræfter, gled drømmefrygten bort, og der kom mere ro over sindene og kraft i lemmerne. Men man kan tænke sig, at der efter det udstaade, skulde en antagelig tid til, for at alle organer kunde komme i sit gamle gjænge. Indtil 2 dage efter ankomsten til øen, 32 dage i alt, havde flere af mandskabet været uden nogen udtømmelse af sine exkrementer.

Efterhvert som de andre gradvis gjenvandt sine kræfter, gik det lige gradvis nedover med den stakkars gamle tømmermand. Hans forstand var fremdeles borte, og ingen næring kunde man faa i ham. Dag for dag tæredes han mere og mere hen, mens brystet især arbeided haardt. Enhver saa, at han var temmelig medtagen og alvorlig syg, saa man havde lidet haab om nogen bedring.

8 dage laa han slig, saa en kvæld slukndede livsgnisten i det udpinte legeme; stille og rolig gled den gamle tømmermand ind i evigheden.

Det var det tredie tab af en kammerat og det første dødsfald paa det nye øhjem. Tungt rørte det deres hjerter at se den gamle sømands haarde lidelser, hjælpeløs som de stod ligeoverfor ham, og tunge taarer trillede nedad deres blege kinder, da hans kamp var udstridt, og kun det usle afsjælede legeme som et skelet laa i hytten.

En kiste blev gjordt istand ved hjælp af noget gammelt

værktøi, som fandtes i hytten, og man udsøgte en fredelig plads inde i kokosskoven, hvor det tidligere 8 lig var begravet. Her paa denne øens «kirkegaard» blev graven opkastet. 6 mand efterfulgt af de øvrige bar hertil under salmesang ligbaaren, der var dækket med palmeblade og grønt, hvorefter jordpaakastelse og bøn forrettedes. Saa blev gravstedet høinet og en bautasten reist, hvorpaa navn, datum og aarstal indridsedes. To smaa kokospalmer plantedes ved begge ender af graven, og et hegn af smaa, flade stene fra strandbredden sattes rundt om. De to smaa planter var ved afreisen fra øen voxet til mands høide.

Og her paa den lille sydhavsø, fjernt fra sørgende hustru og børn i hjemmet, hviler den gamle brave sjøulk, hvis gravsted aldrig skal sees af hans kjære.

Den væsentlige føde bestod af kokosnødder, bananer og skildpaddekjød tilberedt paa forskjellige maader. Bananerne kogte man og havde til kjødretterne som poteter.

Fangsten af de store skildpadder gik for sig om natten ved høit vand. Dyrene kom da sættende ind fra havet og krøb op over strandbredden lige mod skovkanten, hvor de med forlabberne graved fordybninger i sandet til sine æg. Saasnart det havde gravet en hulning af omtrent en favns dybde, krøb dyret derned og lagde ca. 120 æg, hvorefter det forsigtig krøb opigjen og fyldte hulningen med sand, som omhyggelig blev jævnet med forlabberne, saaledes at sporet herefter var vanskelig at finde. Man maatte derfor passe paa at faa tag i skildpadden, mens den var ifærd hermed, og man hørte den ofte stønne som et menneske, der tungt drager pusten. Flere gange kunde det hænde, at man blev narret, og padden allerede var draget til havs igjen, før nogen fik lure sig ind paa den. Æglægningen foregik hver 10de og 11te dag i den ene halvdel af aaret, den anden halvdel holdt dyrene sig paa havbunden. Et par maaneder før æglægningen saa man padderne i flokkevis svømme omkring rundt øen forat parre sig. I stille veir tog mandskabet da ud i de indfødtes lille baad paa jagt efter dem. Ofte lod de sig ved listighed noksaa let fange, idet man under parringen roed forsigtig tæt borttil og fik tag i hanpadden, mens hunnen pilsnart forsvandt i dybet. Glad over at ha faaet tag i den ene roede man tilbage til strandbredden, hvor det store dyr blev opslæbt og dræbt. Padderne var meget seiglivet og viste sig ofte at indeholde op til en hel bøtte med æg, som blev kogte til maaltiderne.

I 3 Maaneder efter mandskabets ankomst til øen fortsatte skildpadderne sin æglægning, men saa var det forbi med denslags føde for et halvt aars tid.

I denne tid drev man paa med natlig fuglejagt, en jagt, der gik for sig paa en høist eiendommelig maade.

Nøgen som enhver nu gik, klæderne var forlængst udslidte, kun med en guanosæk omkring lænderne, klatred man op i træerne og listed sig i mørket ligesom aber fra gren til gren forat faa tag i fuglene, der stundom sad flokkevis deroppe. Man maatte da lure sig stille ind paa flokken og gribe en saa hurtigt, at den ikke ved sin klagelyd fik varsle de øvrige om faren. Tildels kunde dette nat efter nat helt mislykkes. Især i stille og klart veir var fuglene temmelig sky, men til andre tider og som regel under regn og blæst, var det noksaa let at faa fange en god del. Naar alle mand var paafærde fra kveld til lyse morgen, kunde de være saa heldig at faa tag i mellem 100 og 150 stykker paa en nat. Disse blev dagen efter plukket og renset. I et halvt aar bestod hvert middagsmaaltid af fuglekjød med bananer til. Af bananer var der imidlertid saa knapt, at man ofte maatte bruge kærnen af kokosnødden istedetfor disse, eller enslags ægformige blommer, som var i midten af kokosnødden. Denne blomme plantet i jorden skjød hurtigt op til smukke træer.

En nat under den eiendommelige fuglefangst hændte et stygt uheld, der let kunde ha havt meget alvorlige følger. En af mandskabet var oppe i et træ og skulde just til at gribe en fugl. Han sprang rask ud paa en tilsyneladende stærk gren, der imidlertid var saa sprød, at den med et knak af, og den stakkars mand styrted paa ryg ned i en stenrøs, hvor han blev liggende bevistløs. En af kammeraterne, som var lidt længere borte, kom i en fart til og hjalp ham til hytten, hvor han blev liggende og vred og jamred sig. Hans ryg og sædet var slemt forslaaet, og i det hede klimat satte der sig snart materie i saarene, saaat disse vanskelig vilde læges. I 5 dage laa han nøgen paa det haarde trægulv uden at smage mad og vaanded sig i smerter. Ingenslags lægemidler fandtes, kun vasked man de saare steder, hvor det blodige kjød vistes lige til benene, med koldt vand.

Omkring 6 uger hengik, inden han helt forvandt dette fald, men saa fik man enddog være glad, at det løb saapas heldigt af – et fald fra 30 fods høide ned i en hvas stenrøs.

XIII.

Midt paa øen var der af naturen dannet en dam. Da det hele landstykke var af koraller, stod dammen i underjordisk forbindelse med havet, saaledes at vandet steg og faldt her som ved sjøbredden. I denne dam samlede man sit forraad af skildpadder i den gode fangsttid forat have at tage af, naar denne ophørte. Optil en 20 stykker ret pene exemplarer kunde være opsamlet her. En af de faa fornøielser, man havde, var at foretage svømmeture paa paddernes rygskjold, en sport som de indfødte lærte sine hvide kammerater. Man listed sig til at faa komme op paa dyrets ryg, der piled afsted og dukked tilbunds, saasnart det mærked dette. Saalænge det var muligt, blev man med, da vandet var temmelig grundt, og padden fôr da afsted med sin rytter paa ryggen i antagelig fart langs dammens bund. Men længe kunde denne ridetur selvsagt ikke foretages for aandedrættets skyld, saa skildpadderne, der i betydelig længere tid end menneske kan opholde sig under vandfladen, forholdsvis snart blev kvit sine plageaander. Tildels lykkedes det ogsaa at faa dem til at svømme med sig i vandskorpen, idet man tynged ned dyrets bagkrop og søgte at holde hoved og forkrop over vandfladen, saaledes at de ingen magt fik til at dukke tilbunds.

De fredlige dyr skaffed saaledes foruden den kjærkomme og velsmagende føde en smule afvexling og moro i de skibbrudnes ensformige øliv. Imellem kunde vistnok en og anden gjøre dem det kunststykke en vakker dag, naar tilværelsen i dammen blev ensformig, og bølgernes bulder udenfor lokked og kaldte, ganske rolig at tage foden paa nakken og spadsere over øen ned til bredden, hvorfra den sagde farvel for stedse og drog tilhavs. Saadant kunde jo hænde af og til, da skildpadderne ved at høre havbraget altid lokkedes fra sit fængsel mod sjøen, men, da man var bleven bekjendt hermed, iagttoges større forsigtighed forat hindre saadanne udflugter.

Dammen tjente ogsaa til udmærket badeplads, og ofte laa man timevis og plasked og svømmed her i de klare, solhede dage.

Skjønt skildpaddekjødet baade var velsmagende og kraftigt, blev det dog i længden noksaa ensformigt kun at leve paa skildpadde og bananer eller kokoskjærner i det uendelige, morgen, middag og aften. Men endnu mere ensformig var føden det halve aar, da man væsentlig kun maatte nøie sig med fuglekjød til hvert eneste maaltid. En gang imellem vexledes ved at tage en af padderne i forraadsdammen, og dette var da som et helt festmaaltid. Ofte længtede man efter de hjemlige kjødgryder og det saa længe savnede brød; dog var man forholdsvis tilfreds med til enhver tid at have tilstrækkelig og kraftig føde, omend denne var ensformig og ikke altid saa appetitvækkende.

Dage, uger og maaneder gled hen med den samme ensformige levevis.

Man spurgte nu og da de vilde, om der ikke var udsigt til, at et forbiseilende skib skulde øines og bringe dem frelse fra øfængslet, men altid svartes med en mistrøstende hovedrysten. Tidt og ofte speidedes fra høiden efter seiler. Men den uendelige flade laa altid lige bar for ders øine, saa langt blikket rakte ud i horisonten. Helt uvist var det, hvorlænge opholdet her kunde blive ved paa denne maade.

Man søgte om dagene at fordrive tiden paa bedste maade. Foruden det sædvanlige husstel, kogning, vaskning og rengjøring, plantedes af og til smaa kokostræer om hytten samt forfærdigede man smaagjenstande som fotografirammer, kjæder og ringe af skildpaddeskal, ved hjælp af en del mangelfuldt værktøi, som fandtes hist og her i forrustet tilstand fra tyskernes tid. Disse smaating vilde være kjære at medtage til hjemmet som erindring om denne tids ensomhed, hvis man nogensinde kom herfra. Saa samledes smukke konkylier og smuktfarvet smaasten, som stranden var usædvanlig rig paa. Ild fik man ved paa de vildes maade at gnide to træstykker mod hindanden. Man lærte ogsaa deres methode at tappe saft af kokostræerne. Af disse fremkom en cigarformet udvext, der indeholdt en masse frø. Denne udvext blev, førend der kom sprækker i den, ombundet med et stykke bast, hvorpaa man lod den voxe videre. Derpaa boredes huller deri og skallet af en kokosnød blev hængt under for at opsamle saften, som dryppede. Paa den maade kunde der rinde 1 - 2 flasker saft i døgnet af hver saadan stilk. 3 - 4 gange daglig kuttedes stilken af for at øge drypningen. Saften var sød og velsmagende, men lod man den henstaa nogle dage, gjæredes den og blev da til en drik, der berusede.

Da øens indre bestod af en tæt, vildtvoxet kokosskov paa 3 á 4000 træer, søgte man at rydde lidt og bane nogenlunde brugbare veie. Det var usikkert, hvor længe opholdet her vilde vare, og med bananerne var det noksaa smaat, hvorfor det gjaldt at faa plante flere saadanne. Alle overflødige smaatræer og udvexter blev nedhugget og samlet i dynger, som man stak ild paa. Derved fik de frugtbare banantræer sol og friere plads at faa udvikle sig i. Saa blev smaa aflæggere plantet i rader paa de aabne stykker. Bananerne bar kun frugt en gang. Naar frugten var høstet, blev træet kuttet ved roden, og kort efter faaes en ny spire at skyde iveiret fra foden af den gamle.

Med saadanne afvexlende gjøremaal gled dagene lettere hen, og man vænnedes mere og mere til det ensomme Robinsonliv paa den lille sydhavsø blandt de sorte venner.

XIV.

En dag var der mer end almindelig travelhed hos de indfødte. Øiensynelig stod en eller anden festlig tilstelning for døren. Kvinderne var meget optaget med sit, mændene med sit. Den ene mands hustru, Katleid, var ivrig beskjæftiget med at tillage noget underlig noget af etslags tøi af kokosbast. Ved at udspørge hende, hvad dette skulde benyttes til, sagde hun, at det var en brudekjole til den 12 aarsgamle pigen Deina, der skulde feire bryllup med hendes gamle ægtehalvdel Billi. En høist eiendommelig og temmelig luftig «brudekjole» var det, den unge pige fik at iføre sig.

Snart begyndte tillavningen af bryllupsmaden. De vilde ansaa det for uundgaaeligt at spendere et af sine 7 kostbare «boakka» (svin) for anledningen. Svinet blev stukket og raget, omtrent som man barberer skjægget af et menneske. Derefter blev indmaden udtaget og en hel del ophedede smaasten indputtet i dets bagkrop. Dyret lagdes nu ned paa glødende stene, overdækkedes rigelig med bananblade, derpaa med ophedede stene og saa endelig et forsvarligt dække af sand og jord herovenpaa igjen. Slig lod man det ligge i 3 – 4 timer. Da var stegen færdig.

Og nu skulde festen begynde.

De «13 hvide» var selvsagt inviteret til at deltage deri, og bryllupsbordet blev gjort istand. Dette bestod af en hel del bananblade udspredt paa jorden. Svinestegen blev bragt frem og plaseret midt herpaa, man bænkede sig rundt det «flotte» bryllupsbord, og en af de indfødte skar behændig stegen i smaastykker og langed rundt til gjæsterne. Netop synderlig velstegt kan det ikke siges, at flæsket var og neppe halvstegt efter civiliserte begreber, men alligevel smagte det de skibbrudne fortræffeligt at faa en smule afvexling fra deres ensformige føde, saaat det for dem blev et virkeligt bryllupsmaaltid. Ret som man sad og spiste, vakte det deres opmærksomhed, at brud og brudgom vexlede ivrig hinandens tygger, en forøvrigt ikke meget appetitlig ceremoni.

Dette var den egentlige vielse.Nu var pagten sluttet, og den unge pige havde givet sin gamle brudgom sit «joi» (ja) som hans anden ægtehustru. Hun saa forøvrigt den hele tid synlig misfornøiet og trist ud, den 12 aarsgamle virkelig vakre pige med de store, klare, brunlige øine og sort krøllet haar. Det var, ligesom hun ikke saa helt godvillig havde givet den gamle fyr, der allerede før havde en 30 aarig hustru, sit «joi». Vistnok havde det været den lille sorte Katleid langt kjærere af hjertens lyst at faa pludre ham sit «gai haggi» (nei, slet ikke) i øret. Men her var ingen tale om lyst, vilje eller frihed.

Den værdige brudgom gav hellerikke indtryk af at være en at spøge med. Kong Billi var øens mægtige høvding og enevældige monark over hele 9 undersaatter i sit store rige øen Sophia. Alle næred en absolut agtelse for sin fyrste og hærsker og vovede aldrig andet end at adlyde enhver af hans befalinger.

Og den gamle kong Billi mente vel ogsaa, at den vakre 12-aarige Deina maatte føle sig høilig smigret ved i sin unge alder at været kaaret til hans dronning.

Men den unge dronning Deina var selv vistnok af en helt anden mening, den hun noksaa uforbeholdent gav tilkjende. Dette var ikke hendes eventyrprins, som om et sort hjerte ikke ogsaa skulde ha´en saadan.

Kort tid efter bryllupet, blev kongens broder, Dick, alvorlig syg. Han havde faaet en benflis ind i sin fod, der svulmed op og blev betendt. Benstumpen var trængt saa langt ind i kjødet, at det var umulig uden lægehjelp at faa den ud. Efter flere dages haarde smerter tog sygdommen, der havde slaaet sig til hjertet, pludselig stærk overhaand. Den stakkars Dick fik heftige krampeanfald, under hvilke flere mand havde nok med at holde ham. Hans stærke legeme stred haardt imod, mens han under anfaldene rasede afsindig. Flere nætter skiftede de skibbrudne med at vaage over sin kammerat. Under krampeanfaldene maatte Billi vedhjælp af et jernstykke brække broderens mund op, forat faa putte et træstykke ind, saa at han ikke skulde bide tungen istykker.

Endelig bukkede han under for sine svære lidelser, og atter var der et lig at jorde paa den lille ø.

Den sorte Dick blev begravet paa kristen vis ligesom tømmermanden.

Stor sorg hærskede nu hos de vilde. Hyl og graad og hændervridning var deres tegn paa den dybeste smerte. Men at sorgen dog kunde være oprigtig og dyb, bevistes tydelig.

Ofte saa man Samalia, Dicks enke, drage sine 3 smaa sorte, hvoraf den yngste kun et halvt aar, bort til gravstedet, hvor hun længe blev siddende støttet mod mindestenen i strid graad.

XV.

8 maaneder var gaaet hen. Lange og ensformige faldt dagene nu. Intet haab om befrielse. Intet bud derudefra, ingen seiler at skimte paa den endeløse blaa flade, hvorover de længtende øine i dage og nætter speidende stirrede.

Hvordan mon de derhjemme nu havde det? Og hvad mon de tænkte?

Intet aned de om sine kjæres forunderlige skjæbne og ophold her paa en liden ø, hvis navn de ei engang kjendte, fjernt ude i verdenshavet. Rimeligvis var enhver forlængst begrædt som død, da al underretning om skibet jo maatte savnes.

Og hjemlængselen sled pinende i de solbrune sjøgutters bryst, hjerterne bankede, og tankerne dvæled ved kjære minder om hjemmene langt oppe ved Norges kyst. Og de modige haardføre mænd græd ofte længselens bitre taarer og sukkede tungt efter den dag, da de kunde faa titte indom i sine kjendte stuer og favnes af de kjære arme.

Ja, maatte dog blot den dag oprinde, maatte der da engang bli ende paa deres halvvilde tilværelse her langt borte!

Inde i den vakre kokosskov havde man opdaget flere fuglereder. Side om side var disse byggede mellem træernes grene. Det var sorte duer, meget smukke fugle, der havde sit tilhold her. I hvert rede lagde de kun ét æg, men i hvert træ kunde der være mellem 2 og 3 hundrede reder. Disse æg søgte man saa tidt som muligt at faa fat i, da de baade var nærende og velsmagende. Men ofte syntes man det var synd at røve de vakre fugles reder og lod dem derfor være ifred.

Usædvanlig frugtbar og rig paa trævext var jordbunden. Utallige af de smukkeste planter slynged sig i malerisk uorden hist og her mellem de svære kokosstammer og banantræer. Ingen forskjel mærkedes paa aarstiderne. Klimatet var altid mildt og lidet regnfuldt. Hele aaret rundt trivedes planterne lige godt, men kokospalmerne havde sin hviletid hvert syvende aar, da de ikke bar frugt. Alligevel var der mere end overflod paa kokosnødder, der dryssede ned fra grenene og strøedes udover jorden, naar de blev modne. Det var da de indfødtes pligt at skaffe disse bort, forat de ikke skulde spire og overfylde formeget med sit vext. Aldrig saasnart det mindste frø naaede jordbunden, fæsted det rod og skjød op med utrolig hastighed og trivsel. Blæste et træ omkuld, voxed rødderne straks ud og danned den smukkeste hæk. Flere saadanne hække, der havde slynget sig sammen ligesom æresporte, hvorigjennem man kunde gaa opreist, prydede øen hist og her.

Overalt udfoldede naturen en sjælden frugtbarhed her i sydens hede klimat og lune veirlag, der for nordboerne var høist fremmed at iagttage.

XVI.

Den store overflod af kokosnødder blev af de vilde opsamlet og lavet til kopra. De skar kjærnene op i smaa stykker og tørred dem i solen. I saadan tørret tilstand kunde de holde sig i aarevis. Kopraen blev senere indført og brugtes til at udpresse olje af.

De indfødte pressed ogsaa en del olje ud, som deres hvide kamerater benyttede paa sine improviserte lamper. Disse var lavet af et halvt kokosskal, hvori der blev anbragt en pinde omviklet med et tøistykke til væg. Belysningen heraf var saa klar som af et almindeligt stearinlys.

Det blev nødvendigt at há «lampen» brændende hele natten, da der i hytten var et utal af graadige rotter, der viste sig temmelig nærgaaende, saa snart mørket brød frem. I begyndelsen havde man troet at faa udrydde disse skadedyr, men lidt efter lidt maatte dette helt opgives, da de formerede sig i en foruroligende grad. Om nætterne hændte det ofte, at rotterne sprang paa kryds og tvers over de sovendes nøgne legemer: især var det dem en stor lækkerbidsken at grave paa hudtavserne, som af den stadige gaaen barbent hang og slang af fodsaalerne. Dette kunde nu til nød gaa an; værre var det, naar udyrene voved sig ikast med de sovendes ansigter og begyndte at gnave i næsebor og mundviger. Da blev der vild jagt. De næsevise besøgende slængtes med et kraftigt tag mod væggen og maatte som oftest bøde med sit liv for denne dristige sport.

Ofte var det til stor moro at iagttage rotternes kredsen om «lampen». Kokosoljen var dens yndlingsret, og de gjorde stadig forsøg paa at faa forsyne sig af skallets indhold. Med forlabberne op i beholderen strakte de sig paa bagbenene og slikked begjærlig af indholdet lidet ændsende, at deres lugtehaar om munden sved af. Som regel gav de sig ikke, førend kokosskallet var vældet, lyset gaaet ud, og oljen flød paa gulvet.

Da for de omkring med et helt spetakkel ivrig slikkende op den spildte olje.

Der blev laget fælder, hvori flere hundrede fangedes om natten, men til liden nytte; ikke før var en 3 – 4 hundrede udryddet, saa var der det dobbelte antal igjen.

To smaa forrustede jerntavler fra tyskernes tid blev benyttet til saltkogning. Disse fyldtes med sjøvand, og en god ild af rødder og fortørrede træstammer tændtes under. Denne blev holdt vedlige i 2 – 3 døgn. Naar vandet saa var udkogt, laa saltet tilbage paa bunden i et tykt, fast lag.

Langs øens bredder paa den hvide sandbund smuttet en hel del smaakrebs om mellem stenene. Her var ogsaa flere sorter skjæl. Man fik tillavet etslags fiskeredskaber med snor af bast og kroge af tyndt jern. Skjællene blev benyttet til agn, og flere forsøg paa fiskeri gjordes. Men dette var til liden nytte. Fisk fandtes der rigelige mængder af, men næsten aldrig bed nogen paa krogen. At hente sin føde fra havet maatte derfor snart opgives, og man vendte tilbage til de gamle ensformige maaltider.

Den vældige kjæmpekokos, der hævede sig majestætisk fra øens midte, var stadig gjenstand for ønsket at naa tiltops i. Særlig foretog en af mandskabet gjentagne øvelser i træklatring for tilslut at turde vove sig derop.

En dag lykkedes det ham. Stammen var aldeles glat lige op til toppen, hvor en smuk krone hvælvede sig. Herfra var vid udsigt over hele den lille ø og den endeløse havflade udover. Kjæmpetræet blev maalt og viste sig at være 75 fod høit. Derpaa fik man en flagstang i toppen og snor fæstet heri, forat ha´ klar til signal, om seiler nogensinde skulde opdages i horisonten. Et flag fra denne høide paa den flade ø maatte uvilkaarlig blive bemærket, om nogen skib kom inden rimelig afstand fra deres opholdssted.

Og efter som tiden led længere og længere fremover, steg længselen hedere og hedere efter befrielse fra det ensomme fængsel. Ivrigt speidende gik man i de klare dage langs bredden, om der da aldrig vilde øines noget der langt ude. Men stadig samme skuffelser. Evig uforanderlig laa det vældige ocean for deres blikke, vildt rullende med skumbraat om de talrige koralrev eller langsomt jagende i vældige dønninger.

To gange skimtedes røg af en damper og en gang glimt af en seiler fjernt ude. Men kun for nogle faa minutter, saa var alle tegn borte igjen. Øen laa saa langt udenfor det almindelige farvand, at det skulde være et rent lykketræf, om noget dampskib eller nogen seiler kom saa nær, at signalet opdages.

Og i de evindelige skuffelser, der næsten var blevet til en vane, gled blikket sløvt og længtende udover kun mødende himmel og hav, mens solen sendte sine glødende straaler lodret ned over det lille øhjem.

Over 10 maaneder havde de 13 hjemløse havt sit tilhold her, 10 maaneder fulde af hjemlængsler og higen efter en civiliseret tilværelse.

XVII.

Havet gik i lange, matte dønninger, brød hvidskummende over koralrevet derude og skylled opover den kridthvide sandbred. Ikke en bølge kruste den rullende flade, intet vindpust, kun havsjøens evige rastløse uro. Sløret af en varmemættet, let dis hvælved himlen sig dybblaa og klar udover den endeløse flade, der gled ud i en farvemættet violetrød horisont til alle kanter.

Brændende som gløder skar solens straaler lodret ned paa de stolte kokospalmer, der med sine vældige kroner lig kjæmpeskjærme skygged over den yppige jordbund. Frodig slynged et vildt næt af blomstrende krat sig imellem de grønne banantræer og palmer, hvis gren bugnede under vægten af overmodne frugter. Omkring stranden speiled en grøn løvkrans af tæt hæk sin florrigdom i sydhavets krystalklare dyb.

Mellem glinsende stene og farvespillende konkylier krøb dorske krebs, mens de store klumsede skildpadder soled sig paa sandbankerne.

Glødende overhedet var luften, dorsk døsende den hele natur, kun lyd af havets melodiske drøn og bløde skumhvislen.

En sydlandets sandseberusende og mattende drømmedag, en viljeløs gliden hen i døsende slaphed, i halvsøvnige fantasier.

I syv smaa straatække hytter, skygget af kokospalmernes pragtfulde kroner, hendøsed de indfødte den lunkne dags virkeløse timer.

Men omkring træhytten hegnet af banantræerne, drev de 13 halvnøgne, solbrændte sjømænd slappe og døsige med ensomhedens og længselens sløve blikke urokkelig fæstet paa den violetrøde rand, der fløt stængende ud i horisontens runding.

Det var 10de dag over de 10 maaneders ophold her i dette hjemløse øhjem. Naar mon denne tilværelse skulde ende? Mon den idetheletaget førte til noget andet end døden fjernt fra hjemmet? Ringe var udsigterne, svagt var haabet, skjønt modet endnu holdt tappert ud.

Klyngen spredtes, og man drev som vanlig om, en hist, en her, langs den sandede bred.

Tankefuld og mørk stod den ene altid stirrende derudover, hvorfra hjælpen maatte komme.

Da – hvad var det? Var det ikke som riggen af en seiler, der dukkede op uendelig fjernt ude, neppe synlig. Han stirrede og stirrede. Jo, utvilsomt var dette en skude. Atter et par øieblikke. Jo, nu saa han tydeligt en svag, røgsøile, der kunde ingen tvivl være om, at dette var en damper.

Som jaget av alle onde magter, for han aandeløs afsted

raabende og hujende paa sine kammerater. Raabene brød som et tordenskrald gjennem den døde dags stilhed. Hver fra sin kant løb man til og samledes i et nu forat stirre mod punktet derude.

Og nu gjaldt det at handle hurtigere end nogensinde i haab om den længe efterlængtede befrielse.

Inden faa minutter var alle mand iførd med at sætte ud de indfødtes lille baad, der laa nede paa strandbredden. 5 Mand sprang i den, og saa bar det løs med at arbeide sig gjennem skumhvirvelen og brændingerne og komme vel udover revet. Det gik, trods iveren, over forventning heldigt. Sjøen var den dag noksaa taalig. Et lidet seil blev sat til, og enhver langed ud med aarerne af sin fulde kraft, saa sveden piblet over hele kroppen.

Med spændte blikke fulgte man damperen derude. Nærmere og nærmere bar det. Nu kunde den tydelige sees. En liden hvidmalet tingest med klipperboug.

Aa – maatte den bare ikke forandre sin kurs! Maatte de komme saa nær, at den blev dem var!

Og de sled i aarerne, som gjaldt det livet, mens den lille baad dukked op og ned paa de lange dønninger.

Nu maatte den kunde opdage dem. Et flag blev sat op, og man gjorde signal paa signal.

Nogle spændende øieblikke. Da – forandrer dampskibet sin kurs og holder ned mod baaden, der er opdaget. Der er virkelig haab om befrielse fra fængslet, haab om lysning i den ensomme og fremmede tilværelse.

Da man ser, at skibets kurs forandres, bryder glæden endeløs jublende frem.

Den ene ved ikke, hvad han skal sige til den anden,

ingen sammenhængende ord eller fornuftigt snak kommer over læberne. Kun glædesraab og meningsløse sætninger, mens de alle 5 forvirret og øre af den pludselige overraskelse snakker hverandre i munden, saa den ene ikke forstaar den anden.

Henimod 1 norsk mils vei fra øen, da er de ved skibssiden.

Damperen standser farten.

De skibbrudne meddeler kapteinen paa engelsk sin stilling og anmoder om bistand. En slæber blir fæstet i baaden, og dampskibet holder indover mod øen med den lille baad efter sig huggende op og ned i sjøerne, mens skumsprøiten staar for bougen, som vilde det bare tilbunds med det elendige nøddeskal.

Paa strandbredden stod kammeraterne og slugte med øinene den overraskende hjælp. Angst havde de stirret udover, om forsøget vilde lykkes. Alle vidste, det beroede paa tilfældet, og hvor hurtigt man kunde række ud. Knapt 10 minutter senere, og det hele vilde være forspildt, og den gamle venten vilde begynde paany.

Saa svinged dampskibet op under øen og lod ankeret falde.

XVIII.

Den lille damper, en engelsk regjeringskrydser «Clyde», der med et par læger ombord var udsendt fra Fidji for at inspicere blandt de indfødte paa øerne, var just ikke meget stor, kun 60 tons.

Kapteinen havde derfor sine største betænkeligheder med at tage ombord det forliste mandskab, da saavel plads som proviantforraad befrygtedes ikke at strække til for saa mange. Han lovede snarest mulig at indgive rapport til regjeringen, saaat et større fartøi kunde blive udsendt for at afhente dem. Men mandskabet, der nu havde seet sin redning saa nær, blev herover helt fortvilet og bad og tiggede indstændigt om at blive medtaget nu, de skulde tage tiltakke med, hvordan de fik det.

Endelig kunde ikke kapteinen længere modstaa deres ynkelige bønner og samtykkede i at give dem plads ombord paa den betingelse, at de maatte se at skaffe med den proviant, som kunde tilveiebringes.

De ulykkelige skibbrudne var ikke sene med at gaa ind herpaa.

Nu endelig stod deres redning for døren for alvor, nu endelig lysned det virkelig i deres lange og haabløse stilling.

Fuld af uendelig jubel fôr de 13 lykkelige sjæle som en flok kaade unggutter bortover øen og styrted sig hovedkulds i skildpaddedammen. Der havde de 4 prægtige exemplarer gaaende, som i en fart blev fanget og bragt ombord til forøgelse af provianten.

Saa var det at tage afsked med de sorte mennesker.

Her blev sorg og elendighed. De indfødte græd og hyled over at tabe sine hvide venner, der i de 10 maaneder var blevet dem helt kjær og havde været dem en stor afvexling i det ensomme øliv. De vilde absolut ogsaa være med damperen og komme bort fra den lille ø. Kong Billi anmoded kapteinen om tilladelse til at blive med til Sidney. Han agted at henvende sig til konsulen der, i haab om at erholde erstatning for den udviste gjæstfrihed mod de hvide. Selvfølgelig nytted denne anmodning lidet.

I 3 vendinger roede mandskabet ombord, da baaden var liden. Sidste gang fulgte et par af de vilde med forat ro denne tilbage.

Og saa lettede «Clyde» sit anker og dampede udover, slæbende de sorte i baaden et stykke med.

Saa blev slæberen kastet los.

Og det lykkelige mandskab vinkede jublende sit farvel til de sorgfulde sorte skikkelser, baade paa stranden og i baaden, hvor disse jamrede sig i afskedens smerte.

Et vemodsfuldt, men befriende farvel til den lille redningsplet, den lille vakre koralø med sine mæktige kokospalmer og snehvide sandbredder, der laa ensom og fredelig i sommerdagens solglød, omskyllet af det uendelige ocean ligesom en oace i ørkenen. Farvel til de gjæstevenlige sorte kammerater, der godmodige og hjælpsomme havde lettet dem deres ophold. Farvel til dagligsyslernes, længslernes og ensomhedens minder i de 10 maaneders hjem, det lille yppige og fortryllende Sophia.

Udover dampede «Clyde» længere og længere, fjernere og fjernere syntes landet, indtil det sidste lille punkt gled ud i den sommerdisede horisont, og man atter kun havde himmel og hav hvor blikket vendte sig.

XIX.

Som paa forhaand sagt, blev det smaatt med bekvemmeligheder ombord. Det lille dampskib havde foruden kapteinen og de 2 læger, 12 mands besætning, saaat mandskabet maatte nøie sig med at faa fyrgangene til køipladse. Her laa de om nætterne nøgne som de var, men alligevel glade over at være paa hjemveien. Til maaltiderne fik de ris, skildpadde og the.

Den ene af lægerne var overdoktoren paa Fidji. Den anden fulgte blot med til øen Rodoma.

Saavel kapteinen som doktoren var meget forekommende og søgte at indrette alt paa det bedste for de 13 passagerer. Mandskabet ombord bestod af en underlig sammensætning. Den ene var en løsladt tyv, og den anden skulde ha´ begaaet et mord, hvorfor han var dømt til 8 aars fængsel. En tid heraf havde han nok udsonet, men den øvrige tid skulde eftergives ham, mod at han gjorde tjeneste ombord i regjeringsbaaden.

Den 17. juli 1897 var den lykkelige befrielsesdag, da de 13 ensomme forlod Sophia. Efter et par dages reise ankom «Clyde» til sit første bestemmelsessted, øen Fona-fotti, hvor overlægen skulde iland og visitere.

Ogsaa her viste de indfødte den største imødekommenhed, trakterte med sine bedste retter og holdt om aftenen fest med sang og dans i et slags forsamlingslokale. Det var de vildes monotone og skingrende toner, mens de sorte legemer svinged sig i en tøilesløs dans ledsaget af akrobatiske spring, der bragte en til at forbauses over benenes elastiske smidighed.

Mandskabet sang til gjengjæld nogle norske sange, der

af de vilde paahørtes med stor opmærksomhed.

Om natten fik man ligge paa leier af matter i en af hytterne.

Den næste dag var lægen færdig med sin inspicition, og dampskibet fortsatte reisen til øen Rodoma, hvor den ene doctor skulde iland.

Overlægen havde ogsaa visitation at foretage her, saa dampskibet blev liggende nogle dage.

Paa denne ø viste de indfødte ogsaa den største venlighed.

De sorte drev her adskillig forretning, idet de udskibede kopra, som de til gjengjæld tiltuskede sig forskjellige varer for, samt tildels omsatte i rede penge.

En skonnert var just ankommet med fuld last. Da mandskabet intet hadde at tage sig for, var de strax med paa at hjælpe at faa varerne transporteret fra skibet til den saakaldte «butik».

Foruden skonnertens besætning var der ogsaa paa selve øen en del civiliserte familier. Stor var mandskabets glæde, at kunne faae omgaaes og snakke med disse efter sin lange halvvilde og afsondrede tilværelse. De slog sig sammen og kjøbte en skjorte og en buxe til hver af de 13 nøgne nordmænd, da de syntes, det var synd, de længere skulde gaa uden nogen klæder. Glad var man over at faa kaste de smudsige guanosække, der i saa lang tid havde været den eneste beklædning.

Flere dage end bestemt blev «Clyde» liggende her paa grund af stormhindring.

I denne tid var mandskabet oppe i de store skove og huggede ved til skibet, da kulbeholdningen viste sig at være for knap til reisen. Her var en stor rigdom paa appelsiner, og enhver kunde forsyne sig saa meget, han vilde.

Endelig lagde stormen sig noget, og damperen forlod Rodoma. Komne tilhavs tog uveiret atter til.

Stormen var saa voldsom, at det lille fartøi saavidt kunde greie sig, mens sjøerne stadig skyllede over dækket, og alt var indhyllet i salt skumsprøit.

Efter 17 dages haard reise naaede man endelig sent en aften ind til Fidjiøernes hovedstad Suva.

XX.

Paa Suvas red laa en norsk bark «Ellen» af Grimstad. Denne var netop færdiglastet og klar til afgang. Den engelske guvernør foreslog mandskabet at afreise med barken til Sidney, men da de fik vide, at der om et par dage skulde afgaa et større dampskib til Sidney, vilde de nødig gaa ind paa, at tage afsted med «Ellen». Barken havde ikke andre bekvemmeligheder end bestemt for besætningen, saa man resikerede at maatte tilbringe baade dag og nat i alskens veir paa dækket. Dette var, i den tynde beklædning og kommen lige fra den hede, som de nu i lang tid havde været vant til, meget voveligt, tilogmed da vinteren nu brød frem. Ivrede gjorde ogsaa enhver, som rimeligt kan tænkes, efter at komme hastigt hjem, hvorfor dampskib var langt at foretrække.

Tilslut lod man sig overtale paa betingelse af, at en del klæder blev anskaffet. Guvernøren efterkom dette ønske, og saa bar det afsted med barken.

Saavel fører som den øvrige besætning herombord var meget imødekommende mod mandskabet. Seilhøien under halvdækket blev stillet til deres disposition, og alt blev gjort, forat skaffe dem det saa behageligt og bra som mulig under opholdet..

Kursen gik dog ikke saa hurtigt, som beregnet. For det meste havde man stormfuldt og haardt veir, som i de svarte nætter ofte vendte tankerne tilbage til det uhyggelige forlis og skaffed de 13 skibbrudne mangen angst og søvnløs stund. Opfyldt med utallige rev og for den rasende strøm, som en seiler stadig er i disse Farvand, kunde snart en ulykke som «Seladons» indtræffe.

Endelig naaedes Sidney efter en haard reise paa 24 dage, istedetfor som beregnet 9 dage.

Konsulen her gjorde sit bedste for de 13 mand. De blev indlogeret paa sømandshjemmet, forsynet med de nødvendige klæder og forespurgt, om de ønskede at søge hyre med en eller anden skude eller at blive besørget hjem.

Som rimeligt kan være, længtet enhver efter hjemmet og foretrak langt heller dette, end atter at tage tilsjøs.

Efter 9 dages ophold forlod mandskabet Sidney med dampskibet «Orizaba», der skulde til London.

Og nu havde enhver det saa godt, som man kunde ønske sig.

Besætningen og passagererne ombord paahørte med gru og forundring de skibbrudnes enestaaende og rædselsfulde beretning, og enhver yded dem den største deltagelse og venlighed.

De smaating, der var forarbeidet paa øen, blev vist

omkring og beundrede. En af uhrkjæderne solgtes til en passager for kr. 9, en pen betaling for et saa primitivt udført arbeide.

Efter 6 ugers reise ankom «Orizaba» til London.

Herfra gik reisen til Newcastle, derpaa til Shelds, hvorpaa det bar direkte hjem til Stavanger med det bergenske dampskib «Venus».

Søndag d. 24. Oktober 1897 var den lykkelige dag, da de 13 reddede sømænd atter gjensaa sin kjære fødeby efter alle de haarde oplevelser i over 2 aars fravær.

Underlig og storslagen var den følelse, der nu fôr gjennem deres bryst, uforklarlig og vanskelig at tænke sig.

Bryggen var fuldpakket af folk, som hele natten havde gaaet og ventet paa det reddede mandskab, og da skibet i den stille, taagede morgen gled indover, lød fædrelandssangens ildnende toner fra byens musikkorps.

En summen af rungende hurraer og «leve «Seladons» mandskab»! hilste de tapre sjøgutters hjemkomst til deres fødeby.

Og ikke før var skibet kommet ind til kaien og en kjending sprunget ombord, saa blev han strax omringet af de 13 lykkelige, der med glædestraalende øine spændt spurgte, om hustru og barn, far og mor var i live. Saa stormed mandskabets familie og venner over rækken og favnede sine reddede kjære. Disse, som man forlængst havde opgivet alt haab om, som var begrædt og sørget over som døde af hustruer og børn, forældre og søskende, slægt og venner, alle var de nu lykkelig kommet hjem efter de haarde lidelser.

Og endeløs jubel og stolthed straaled af hvert ansigt.

Kjendt og ukjendt, alle saa delte de denne dags underlige storhed, denne gjensynets lykkelige stund.

Det var ligesom hele Stavanger lyste af stolt glæde over at ha' faaet velbeholden tilbage disse 13 brave sjøgutter, der med beundring og tak for sit mod og sin udholdenhed i nødens haarde stunder fortjener et tusindfoldigt rungende raab fra hver hytte og sal blandt Norges fjelde, et raab, der slægt efter slægt vil lyde manende for vor sjømandsstand:

«Leve «Seladons» mandskab»!

De 13 redede af «Seladons» mandskab fortjener at kjendes:

1. Olaus Lode, 2de styrmand
2. Lars Tønnesen, stuert
3. Peder Thime, seilmager
4. Marcelius Aske, matros
5. Gabriel Johnsen, do
6. Karl Thorsen, do
7. Abraham Tjelta, do
8. Hans J. Haaland, do
9. Andreas Jacobsen, letmatros
10. Ingebret Hognestad, do
11. Johannes Knudsen, jungmand
12. Hans Tollefsen, do
13. Thomas Berentsen, dæksgut

1- 6 hjemhørende i Stavanger, 7 Jædderen, 8 Haaland, 9 og 10 Stavanger, 11 Øvreeide, 12 og 13 Stavanger.

Made in the USA
Columbia, SC
22 January 2025